12 SACHETS DE GRAINES POUR JARDINER EN PERMACULTURE

Textes de Serge Schall
Illustrations de Joanna Wiejak

plume de carotte
radis et capucine

LA PERMACULTURE, C'EST QUOI ?

La permaculture, soit la contraction de *permanent agriculture*, est une conception née dans les années 1970. Deux Australiens, Bill Mollisson et David Holmgren en sont à l'origine. En réponse à la brutalité de l'agriculture intensive, ils ont considéré les équilibres atteints spontanément dans la nature, observables, par exemple dans une forêt dès lors que l'homme se fait discret. Le constat devint alors : « Et si on ne faisait rien, ou plus raisonnablement, le moins possible, pour les productions agricoles ? Et si on pouvait assurer les récoltes à moindre travail tout en respectant la nature, prise dans son sens le plus large ? » Plus de pollution de l'air, des sols, de l'eau, des aliments sains… Tout ce que proposera plus tard l'agriculture biologique, avec quelque chose en plus… ou plutôt en moins dès lors qu'on ménage ses efforts.

Dans la foulée, la permaculture a élargi sa vision. Sans devenir une philosophie, le mot est exagéré, elle a affiché un mode de vie basé sur la raison, plus que sur la frugalité, a inclus les animaux, les paysages, les énergies renouvelables, les éco-constructions, la gestion des ressources et l'homme, le voisin, vous, moi, en favorisant les échanges des excédents de production. Ainsi fonctionnent aujourd'hui les fermes en permaculture.

ET MON JARDIN DANS TOUT ÇA ?

La permaculture a gagné le jardin en quelques années. Pour une fois, commençons par la conclusion pour faciliter la compréhension des chapitres suivants de ce livre, par l'énonciation des principes appliqués au jardin de l'amateur.

UN JARDIN DE FAINÉANT ?

La base même de la permaculture est d'en faire le moins possible, de limiter les interventions. Je savais que ça allait vous plaire. On oublie le plus possible le jardin, on regarde pousser, on laisse se ressemer, on favorise les plantes pérennes, en place pour plusieurs années, on abandonne le travail du sol et on permet l'installation lente des équilibres.

ON PREND LE TEMPS

Et en premier lieu, celui de bien connaître son jardin. Ce que faisaient les jardiniers autrefois. On observe les différentes expositions au soleil, au froid, aux courants d'air et aux vents, ceci en fonction des saisons. Le petit coin humide, le muret de pierres qui retient la chaleur, toute connaissance sera utile.

ON N'EST PAS BÊCHEURS

Fini les bêchages, on touche le moins possible au sol, juste un léger griffage optionnel pour certains semis, et on fiche la paix à tous les habitants du sol. On mise sur les végétaux à longues et puissantes racines pour travailler la terre à plus grande profondeur.

UNE GESTION DE LA PLACE

Au cordeau… mais sans cordeau. On plante plus densément qu'au potager classique et on tire parti de la moindre place libérée par une plante pour en cultiver d'autres. D'autant plus qu'on ne laisse jamais nue une surface de sol.

ON PENSE À L'EAU

Bien sûr, pas de plantes sans eau, même peu. On regroupe les catégories de plantes selon leurs besoins et surtout on paille.

ON SACRALISE LE PAILLAGE

Le paillage est un des piliers de la permaculture. Il joue différents rôles tout au long de l'année, protège la surface du sol, économise l'eau, évite les désherbages, sert d'abri pour toutes sortes de bestioles, lutte contre le froid, enrichit le sol en se décomposant.

ON ALIMENTE LA FERTILITÉ

Tout ce qui pousse au jardin reste au jardin. On hache tous les déchets verts et on les laisse se décomposer à même le sol, entre les cultures, ils servent aussi de paillage. En complément, on apporte des engrais organiques et son propre compost.

ON BUTTE OU ON BUTTE PAS ?

Elle est photogénique et très utile, la butte, sitôt qu'on pense à la permaculture on ne voit plus qu'elle. Utile mais pas obligatoire, on y reviendra. On peut très bien s'adonner à la permaculture *à plat*.

LA PERMACULTURE EN PENTE DOUCE

Petits laisser-faire et grands effets, c'est en fin d'été qu'on peut comprendre quelques avantages de la permaculture. Beaucoup d'autres sont invisibles à l'œil nu, d'autres encore demandent une observation plus soutenue et plus fine.
La fin de l'été, mais aussi le printemps et son renouveau : on va réaliser le bien-fondé des semis spontanés. Parlons apiacées : fenouil, aneth, carvi, persil, coriandre, cerfeuil, angélique pour citer les plus connues au potager. Toutes des bisannuelles cultivées comme annuelles au potager classique, c'est-à-dire arrachées en fin de première année et systématiquement semées tous les ans au printemps.

En permaculture, on laisse tout monter en graine, car les semences se disséminent ici et là à leur bon vouloir. Évidemment, on abandonne l'idée du grand carré de persil bien délimité, on ira le cueillir là où il se trouve.

Un autre exemple, c'est le plein d'azote en se tournant les pouces. En fin d'été, la plupart des haricots sont récoltés, avant eux les petits pois et au printemps, les fèves. Au lieu d'arracher les plants pour libérer la place, en permaculture on les laisse en terre encore quelques semaines. Ils continuent d'enrichir le sol en azote, car toutes les fabacées ont cette faculté.

ELLES NE MANQUENT PAS D'AIR... ET EN PROFITENT

S'il y a bien des plantes faites pour la permaculture, ce sont les fabacées, petite explication. En plus des quelques légumes cités, il faut ajouter certains engrais verts (on reviendra sur cette notion) comme le trèfle, la féverole, la luzerne autant de plantes connues autrefois sous le nom de légumineuses. Sur leurs racines, on peut observer à l'œil nu de petites protubérances, elles abritent des bactéries du genre *Rhizobium* capables de fixer l'azote atmosphérique, celui de l'air qu'on respire. Il sera restitué dans le sol sous une forme assimilable par les plantes. Avec un rendement re marquable de l'ordre de 1 kg pour 100 m^2. Avec un tel résultat, on peut largement se passer d'engrais azoté.

POURQUOi LA BUTTE ?

La butte (on parle aussi de butte fertile, mais qui aurait l'idée de dresser une butte stérile, je vous le demande ?) est indissociable de la permaculture, au moins dans les représentations et les esprits : on a tous l'image de ces belles accumulations de terre, rebondies et dodues, recouvertes de belle paille. La butte présente des avantages certains, mais elle n'est pas indispensable, il faut envisager son installation au cas par cas, d'autant que c'est un sacré effort pour la mettre en œuvre.

L'ACCESSIBILITÉ

Un potager classique est organisé en parcelles délimitées et séparées par des cheminements. En permaculture, on ne doit pas piétiner les espaces cultivés pour ne pas tasser une terre volontairement laissée sans travail. Terminés les cheminements, mais les plantes doivent rester accessibles. Les dimensions de la butte en tiennent compte : une largeur de 1,20 m et une surélévation de 50 cm environ. Ce qui permet un accès facile et confortable aux cultures.
Lorsqu'il y en a plusieurs, les différentes buttes peuvent prendre des formes sinueuses, en haricot, en trou de serrure… pour faciliter davantage les accès. On peut aussi dessiner une circulation rappelant un labyrinthe, les disposer en U, en croissant… Toujours en tenant compte de la meilleure exposition.

LA PÉRENNITÉ

La hauteur de terre sert de réserve nutritive dans le temps, à la fertilité entretenue en permanence comme on l'a signalé. C'est un avantage à considérer avec la qualité de la terre, si elle est fertile et entretenue, la butte ne se justifie pas pour ce seul point. On distingue la butte simple (essentiellement un volume de bonne terre) et la butte auto-fertile qui repose sur une accumulation de gros branchages et de morceaux de troncs en profondeur : un travail de titan à réserver aux terres les plus pauvres et les plus ingrates, injustifié dans nos régions.

LE DRAINAGE

Tout comme en jardinage traditionnel, on peut être amené à cultiver sur une butte ou un monticule, une pratique recommandée pour les terres lourdes ou à certains légumes préférant un bon drainage, comme les alliacées, pour leur éviter les pourrissements.

LA SPIRALE… DE LA BÊTISE

Ah, la spirale d'aromates ! On la voit partout sur tous les réseaux sociaux dévolus aux photos. Cette butte spiralée est censée favoriser une meilleure exposition et limiter la compétition entre les plantes. Mais qui a vu un thym, une sauge ou un romarin manquer de lumière en plein cagnard ?

L'EXPOSITION

La butte et ses deux pentes offrent une meilleure exposition au soleil, par la disposition étagée des plantes. C'est aussi une façon de limiter la compétition pour la lumière entre les végétaux plantés plus densément qu'au potager traditionnel. La forme en relief de la butte propose une plus grande surface de culture, de l'ordre de 10 à 15 %. Mais est-ce vraiment un argument ? Manque-t-on de place à ce point au jardin ?

HUMUS : AU BONHEUR DU PERMACULTEUR

Le centre de la culture, son pivot, son alpha et son oméga, c'est l'humus.
Inutile de cultiver si on n'a pas compris l'humus. Heureusement, c'est très simple.
L'humus, c'est la partie la plus riche du sol, c'est sa couche superficielle, de quelques centimètres d'épaisseur. C'est le réservoir nutritif indispensable à toute plante, de l'humble radis au chêne multicentenaire.
La lente décomposition des déchets animaux et végétaux transforme la matière organique en éléments minéraux. Seuls ces derniers sont assimilables par les plantes qui les puisent en même temps que l'eau par leurs racines. C'est pourquoi, en permaculture, on laisse à la surface du sol tous les déchets végétaux, pour alimenter la réserve de matière organique qu'on peut aussi compléter par l'apport d'engrais organiques, de fumier, de compost, etc.

UN RÔLE DE DÉCOMPOSITION POUR LES ACTEURS

Cette décomposition, c'est le travail de tout un cortège d'intervenants, tout un monde de microorganismes et de macroorganismes où chacun a son rôle. On comprend pourquoi il faut ne pas les déranger en abandonnant le travail du sol et les favoriser en leur apportant l'abri de la litière et du paillage. Et il est inutile de préciser qu'en permaculture comme au jardin biologique, tout ceci se passe en l'absence de pesticides et d'engrais chimiques qui détruisent tout sans distinction.

ÉPONGE NUTRITIVE

En plus d'être le lieu de la transformation de la matière organique en éléments minéraux, l'humus a la capacité de retenir ces derniers et de les tenir à disposition des plantes qui vont les puiser au fur et à mesure de leurs besoins, on parle couramment d'*éponge nutritive*. Et comme ils sont retenus par les argiles, les spécialistes parlent de complexe argilo-humique pour désigner cette fraction du sol.

En outre, la présence de gros débris pas encore dégradés et leur richesse en fibres permet à l'humus de retenir l'eau dans le sol et de faire circuler l'air, car on le sait peu, les échanges gazeux au niveau des racines sont importants pour la physiologie des plantes.

LES TRAVAILLEURS DE L'OMBRE

Cultiver son jardin, c'est bien, mais se cultiver par la même occasion, c'est mieux. Le chapitre qui suit n'est pas indispensable à la pratique immédiate du jardinage, il est destiné aux curieux de nature.

UN TRAVAIL DÉGRADANT

La dégradation de la matière organique en éléments minéraux assimilables par les plantes est le résultat d'une longue chaîne de travailleurs (à la chaîne, donc). Par ordre d'apparition, la **macrofaune** rassemble tous les organismes dont la taille est supérieure à 4 mm, facilement visibles à l'œil nu. La **mésofaune**, entre 0,2 mm et 4 mm, est observable avec de bons yeux ou une loupe.

Par contre, la **microfaune** est invisible à l'œil nu, simplement décelable au microscope. Au-delà de leur distinction par la taille, à chacun sa part de travail et son rôle.

BÊCHAGE ET RABÂCHAGE

L'humus bien compris, l'abandon du bêchage saute aux yeux. Cette pratique revient à enfouir en profondeur la partie la plus riche et la plus vivante du sol. Un non-sens. Car le travail de toutes les formes de vie impliquées dans la dégradation de la matière organique se fait en présence d'oxygène. L'autre conseil de bons sens s'impose également et devient rapidement un réflexe : on hache tous les déchets végétaux sains et on les abandonne à la surface du sol pour alimenter la litière et on abuse du paillage. On l'a déjà signalé et on le répètera tout au long du livre au risque du rabâchage.

ÇA GROUILLE, ÇA GROUILLE

La macrofaune, c'est l'ensemble des animaux dont la taille est supérieure à 4 mm et jusqu'à 8 cm. Son représentant emblématique et médiatisé est le fameux ver de terre. Il est accompagné par toutes sortes de larves d'insectes, de vers, de myriapodes comme les mille-pattes. Par leurs incessantes allées et venues, ils fouissent le sol, creusent des galeries et assurent sa souplesse à la terre, dans une épaisseur de sol variant de 50 cm à 5 m. Et ils mangent, ils mangent. Et restituent des excréments, certains très riches, comme ceux du ver de terre. Dans un sol fertile, comme celui d'un sous-bois de forêt qui a inspiré la permaculture, ou celui d'un potager correctement travaillé, on compte jusqu'à 3 000 individus au m^2.

ON LES A ENCORE À L'ŒIL

La **mésofaune** rassemble les organismes de 0,2 mm à 4 mm. Ils vivent et se déplacent dans les nombreux espaces existant dans le sol, cavités remplies d'air, petites excavations… sans creuser ni travailler le sol de manière active et significative. On peut facilement voir dans le compost du jardin d'innombrables collemboles, de tout petits points blancs qui pullulent. Très mobiles pour la plupart, les acteurs de la mésofaune se répartissent dans une épaisseur de terre comprise entre 5 et 50 cm de profondeur. Lorsque vous aurez le temps de compter dans votre sol de permaculteur, vous constaterez qu'il peut contenir 500 000 organismes au m^2.

ON LES PERD DE VUE

Mais ils sont là. La microfaune a une vie essentiellement aquatique, elle profite de la moindre goutte d'eau présente dans le sol. Elle est composée d'organismes microscopiques, comme les protozoaires ou certains nématodes vivant dans les pores remplis d'eau ou simplement sur les films de l'eau retenue par capillarité sur les éléments constitutifs du sol. Lorsque les conditions deviennent défavorables, que l'eau vient à manquer par exemple, ils ont la faculté de s'enkyster dans l'attente de jours meilleurs. Et ça peut durer des mois et des années. Tout ce petit monde vit en surface entre quelques millimètres et 5 cm de profondeur, les organismes sont peu mobiles, à l'exception des amibes.

PLUS PETITS QUE LES PLUS PETITS

Tout au bout de la chaîne de transformation, on trouve les champignons microscopiques et les bactéries. Ils assurent la minéralisation ultime des microfragments de matière organique et alimentent directement les végétaux.

COMPLÉMENTS ALIMENTAIRES

On a déjà mémorisé l'humus, la litière et le fait que tous les déchets restent au jardin, posés au sol (Vous apprenez vite, dites donc !). Mais on a beau faire, les plantes ont de l'appétit et ces bons réflexes ne suffisent pas toujours à les contenter. Un apport complémentaire en engrais ou en amendement organique occasionnel peut se révéler utile. Les engrais apportent directement les éléments nutritifs aux plantes, alors que les amendements, en plus de leur rôle nourricier, corrigent et améliorent les qualités du sol. Les fumiers sont les plus connus.

ON PREND LE TEMPS, ENCORE

Contrairement aux engrais chimiques (ouh !) les engrais organiques ont besoin du temps nécessaire à leur minéralisation pour être assimilables par les végétaux. Il faut donc les apporter plusieurs semaines à plusieurs mois avant la mise en culture, selon la saison. L'automne prépare le printemps et l'été. Comme pour tous les engrais, il faut respecter les doses préconisées par les fournisseurs.

COMMENT CHOISIR UN ENGRAIS ORGANIQUE ?

Sur tous les emballages figure le fameux trigramme NPK avec la proportion en chaque élément, c'est une obligation autant qu'une information essentielle. On peut ignorer les engrais simples, renfermant un seul des trois éléments : ils sont très rarement utilisés en jardinage biologique. Selon le but recherché (voir l'encadré NPK l'ABC de la fertilité), le choix va se faire entre les engrais à dominante azotée et les engrais à dominante phosphatée. Amis véganes, ne lisez pas les lignes qui suivent, vous allez vous faire du mal inutilement, passez directement au paragraphe sur le compost.

LES ENGRAIS À DOMINANTE AZOTÉE

Ils ont une origine animale. Les plus couramment utilisés sont la corne broyée, la corne broyée et torréfiée et la farine de plumes. Le sang desséché, très courant aussi, a une action plus rapide, il est préférable de l'apporter au dernier moment, lors de la phase de croissance entre mars et juin.

NPK L'ABC DE LA FERTILITÉ

Les besoins des plantes reposent beaucoup sur trois éléments minéraux, l'azote (N), le phosphore (P) et le potassium (K). Pour faire simple, l'azote fabrique du vert, des feuilles. Le phosphore favorise la germination, la croissance des racines et intervient de la floraison à la maturation des fruits. Enfin, le potassium augmente la résistance générale de la plante face au gel, aux maladies et aux parasites, et intervient aussi dans la photosynthèse.

LES ENGRAIS À DOMINANTE PHOSPHATÉE

La farine de poissons (on parle aussi de poudre d'os marine) est un engrais complet préconisé pour les légumes-fruits et les fruitiers. La poudre d'os est très lente à agir, c'est l'engrais d'automne par excellence, pour préparer les plantations de printemps.

AH, LE FUMIER !

Le meilleur des amendements est toujours le fumier, de cheval en particulier. Il nourrit les plantes, assouplit la terre et en permaculture sert aussi de paillage. À chaque animal de la ferme son fumier, chacun a ses caractéristiques propres. Il faut y ajouter les fientes des élevages aviaires et les fumiers de lapins. Tous doivent être compostés avant utilisation, jamais employés frais car ils provoquent des brûlures aux racines.

AUCUN RISQUE

Les engrais organiques d'origine animale sont traités par la chaleur sous pression, et les risques possibles de contaminations sont nuls. La farine de plumes, par exemple, est obtenue à 140 °C sous une pression de 2 à 3 bars pendant 30 à 60 minutes. À ce régime, aucune forme de vie ne résiste.

VIVE LE COMPOST MAISON

Pas de jardinage sans compost, c'est le meilleur moyen de se débarrasser des tas de déchets en se procurant un amendement de première qualité. Le seul petit reproche à lui adresser, c'est sa composition aléatoire selon la nature des déchets utilisés. Il est conseillé de varier au mieux les apports. En permaculture, rappelons que le compostage se fait tout seul, et à la surface du sol par la dépose de tous les déchets végétaux.

LE JARDIN SUR LA PAILLE

Par un raccourci de langage, paillage ou paillis, c'est la même chose, comme *mulch* et *mulching* pour les jardiniers bilingues. Cela consiste à déposer à la surface du sol une couche de paille, à l'origine, ou de tout autre matériau naturel, paillettes, écorces, feuilles mortes, déchets broyés… On l'a déjà dit, le paillage est un des piliers de la permaculture, il est indispensable car bourré de qualités.

PAILLAGE TOUTES SAISONS

À l'approche de l'été, mais aussi durant tous les beaux mois de printemps et d'automne, le paillage permet d'économiser l'eau. Il crée une ambiance humide au pied des végétaux en limitant considérablement l'évaporation. De plus, il fixe la rosée du matin. Une fois le paillage imbibé d'eau, on peut s'absenter pendant des jours, les plantes ne souffriront pas du manque d'eau.

À l'approche de l'hiver, le paillage assure un rôle protecteur contre le froid. Tout au long de l'année, il sert de refuge et de protection à la microfaune et la microflore du sol et empêche la levée des herbes indésirables. En outre, le paillage continu évite de laisser le sol nu : pailler revient un peu à poser une moquette : le sol est ainsi protégé des vents, des fortes pluies et des rayons brûlants du soleil. Et pour terminer, en fin d'utilisation, il est et retourne à la terre et augmente sa fertilité.

LE PAILLAGE BIEN PENSÉ

- Arroser copieusement la surface du sol, car une terre sèche risquerait de le rester après la pose du paillage.
- Profiter que la terre soit mouillée pour supprimer les mauvaises herbes tenaces, comme le liseron ou le chiendent qui pourraient se développer au travers du paillage.
- Épandre une fine couche de compost ou d'amendement organique pour amorcer la décomposition à venir du paillis.
- Utiliser un matériau végétal sain, paille, paillettes de lin ou de chanvre, feuilles mortes, écorces, brindilles… Éviter d'abuser des copeaux de bois, leur décomposition consomme beaucoup d'azote et appauvrit le sol. Et surtout pas ceux récupérés chez le menuisier du coin, les bois sont généralement traités.
- Le BRF (bois raméal fragmenté) a eu sa période de médiatisation. Ces déchets de rameaux de l'année, prélevés sur des arbres et des arbustes, sont certes très riches, mais leur décomposition réclame beaucoup d'azote et risque de déséquilibrer le sol. On déconseille.
- Et bien sûr tous les déchets hachés et laissés au sol en permaculture servent de paillage. Mais là, on commence à radoter, non ?
- Pour la décoration, on peut utiliser des paillages décoratifs, y compris ceux de couleur, colorés par des pigments inoffensifs, bleus, roses, jaunes… Ça fait joli, mais bon, on peut vraiment s'en passer.

AVEC L'EAU, TOUT BAIGNE !

Une plante, c'est 80 % d'eau en moyenne. Le précieux liquide est le principal constituant des végétaux. L'eau assure la turgescence des cellules, donc le maintien des plantes. C'est aussi le moyen de transport de tout ce qui se véhicule dans l'organisme végétal et le milieu dans lequel tout baigne. L'eau captée dans l'air par condensation est de moindre importance, tout le monde sait que la plante puise la presque totalité de son eau dans le sol.

L'EAU À L'ÉCONOMIE

En permaculture où tout est économie et gestion, la plus grande quantité d'eau possible doit provenir des pluies et des précipitations. Mais elles sont très mal réparties dans l'année, et le seront sans doute de plus en plus par ces temps de réchauffement climatique. Des compléments apportés par les arrosages et la surveillance du stock d'eau sont donc inévitables. On peut résumer l'attention portée à l'eau par le permaculteur à trois réflexes.

RÉCUPÉRER L'EAU DE PLUIE

La quantité d'eau tombée du ciel est suffisante à couvrir les besoins de toute une année, y compris dans les régions les plus chaudes du sud (savez-vous qu'il pleut presque autant en Provence-Alpes-Côte-d'Azur qu'en région parisienne, et plus qu'en Alsace ?). Reste à la capter et surtout à la stocker. Selon la région et les années, on peut récupérer entre 500 l et 1 000 l d'eau par m^2 de toiture, grâce à un simple dispositif de récupération à fixer sur une descente de gouttière. Mais le stockage est coûteux, les plus grosses citernes enterrées de 5 000 l représentent un gros budget à l'achat et la mise en place. L'arrosage complémentaire est incontournable.

DES ARROSAGES BIEN GÉRÉS

Dans le potager du permaculteur, les arrosages abondants « à la raie », c'est terminé. On envisage les apports d'eau a *minima*, la juste dose au bon moment. La meilleure solution, c'est un système de goutte-à-goutte ou, mieux encore, le tuyau microporeux qui laisse suinter l'eau au sol. Les deux dispositifs sont faciles à poser, dans les endroits peu accessibles et surtout ils sont mobiles, faciles à déplacer au gré des besoins et des nouvelles plantations.

Plutôt moche mais assez efficace, la bouteille d'eau en matière plastique équipée d'un cône microporeux, à ficher en terre. On peut la placer à la demande à proximité du pied d'une plante. Beaucoup plus esthétique, l'oya, une poterie microporeuse à enterrer, et à remplir tous les 3 à 9 jours selon son volume. L'avantage ? 100 % de l'eau est utilisée par la plante, sans aucune déperdition.

LIMITER LES PERTES

On vient de détailler le rôle du paillage, précisons aussi que le volume de la butte, si on choisit ce mode de culture, offre un volume tampon important. L'autre moyen de limiter les pertes d'eau par évaporation en permaculture, c'est de planter densément et de faire bénéficier les plantes de l'ombre portée des plus grandes. De la même façon, on doit penser à planter des haies vives en périphérie du jardin pour contrarier les courants d'air desséchants.

PLANTATION, PAR OÙ COMMENCER ?

La permaculture suppose une planification des plantations au lieu de se lancer tête baissée. Le premier conseil est de dresser la liste des plantes pérennes, celles restant à la même place pendant de nombreuses années, et de distinguer les plantes de passage d'une ou deux années au jardin.

- Choisir la place définitive des plantes vivaces, ce sont principalement les plantes aromatiques, herbacées ou petits arbrisseaux ligneux, les petits fruitiers (et les gros on voit les choses en plus grand) et quelques légumes perpétuels comme l'artichaut ou la rhubarbe.
- Identifier les places recevant les semis directs à venir : ceux des légumes pour lesquels c'est le seul choix, radis, betteraves, carottes, roquette, mesclun…
- Choisir les petits emplacements destinés aux plants à l'unité (tomate, poivron, aubergine…) ou les poquets pour les grosses graines (courges, melon…).
- Anticiper sur la taille définitive des plantes, qu'elles soient pérennes ou annuelles.
- Repérer les légumes pour lesquels on compte produire ses propres graines, penser que certaines plantes sont des bisannuelles et que la récolte des semences se fait la seconde année.

Une fois cette liste dressée, on peut procéder sur le papier à un véritable zonage de la butte ou des parties cultivées. Par la suite, tirer parti de tous les avantages de la permaculture sera affaire d'opportunité, en utilisant chaque place libérée au fur et à mesure.

SEMIS OU PLANT ?

Au potager traditionnel se pose le choix entre semis ou plants, et pour ces derniers l'arbitrage entre les plants produits chez soi et ceux à acheter dans le commerce au dernier moment. C'est aussi vrai en permaculture, pour laquelle il faut ajouter une bonne gestion des surfaces cultivées disponibles, c'est surtout important pour les petits jardins. Voici une petite liste de questions à se poser pour trancher :

Hors du potager, ai-je la place et suis-je équipé pour faire les semis au chaud, dès février, pour une plantation essentiellement en mai ?

Quels sont mes besoins en légumes : 1 g de semences de chou contient environ 300 graines. Même en ayant la main légère pour le semis et après l'éclaircissage, vais-je manger autant de choux ?

Sur la butte ou au potager, est-ce judicieux de mobiliser de la place consacrée à une pépinière (c'est ainsi qu'on nomme cette parcelle réservée à la production de plants ou à leur stockage) ?

Est-il avantageux de faire un semis d'oignon (et de toute plante bulbeuse) plutôt que planter des bulbes ?

LES SEMIS SPONTANÉS

Une des grandes joies de la permaculture, ce sont les semis spontanés des plantes se ressemant seules. Attention à ne pas les laisser toutes monter en graine, sinon le désherbage guette. Certaines catégories de plantes sont plus favorables, les légumes-feuilles (pourpier, épinard, arroche, roquette, salades…), les aromatiques herbacées, mais aussi toutes les apiacées (persil, aneth, coriandre, fenouil…). D'autres sont à bannir, toutes les Brassicacées (chou, navet…) et les cucurbitacées (melon, pastèque, courges…) : elles ont tendance à l'hybridation naturelle : laissez faire les professionnels de la graine.

COLLÉS, SERRÉS

En permaculture, on plante plus densément qu'en culture traditionnelle. Cela favorise un microclimat bénéfique aux plantes, en limitant au passage les pertes d'eau par évaporation et en protégeant du froid, par exemple. Il faut éviter l'exagération au risque d'accentuer la compétition entre plantes, pour l'eau, la nourriture et la lumière.
Et aussi pour prévenir la pullulation des insectes parasites. Ah, ça a l'air bien compliqué d'atteindre le bon équilibre ? Pas tant que cela en réalité.

VOISINS VIGILANTS !

On connaît désormais l'existence d'aide entre les plantes et *a contrario* d'animosité entre certaines. Les bons voisinages au potager sont nombreux : la carotte et l'oignon se protègent mutuellement contre leur mouche parasite respective. Le raifort et le lin bleu font fuir les doryphores, le fléau de la pomme de terre. L'œillet d'Inde protège la tomate contre les nématodes présents dans le sol et la tomate fait fuir la mouche de la carotte. De nombreuses plantes aromatiques ont des propriétés répulsives vis-à-vis des insectes, le thym, le romarin, la sauge, l'hysope, la lavande repoussent la piéride du chou. La sarriette éloigne les pucerons noirs de la fève et des haricots. En permaculture, même si les plantes amies ne sont pas immédiatement collées à leurs protégées, elles ne sont jamais bien loin.

ÇA NE TOURNE PLUS ROND !

La rotation des cultures est une des meilleures préventions sanitaires au potager, en même temps qu'elle maintient un certain équilibre de la disponibilité des éléments minéraux dans le sol. Rappelons qu'elle consiste à diviser le potager en quatre zones, et à « faire tourner » les quatre types de légumes dans un ordre précis : légume-racine, légume-feuille, légume-fruit et enfin légume-fleur. Dans le joyeux foisonnement en permaculture, impossible d'appliquer cette règle à la lettre. Toutefois, on doit toujours la garder en tête et respecter la succession des types de légumes chaque fois qu'on le peut. Le plus simple est déjà de ne pas cultiver un même légume deux fois à la même place, puis de jouer au moins sur une complémentarité simple : après une fabacée (haricot, fève, pois…) semer un légume-feuille (salade, persil, épinard…). C'est le moins qu'on puisse faire en permaculture.

C'EST JOLI ET C'EST UTILE

Des fleurs au milieu des légumes, c'est joli, mais pas seulement. Certaines ont un avantage sanitaire, penser à en semer en périphérie des cultures. La capucine et le souci attirent les pucerons et les aleurodes (de petites mouches blanches) et les détournent des autres légumes. Le souci, le coréopsis, le pourpier, la gaillarde, le convolvulus tricolore, attirent les syrphes, de toutes petites guêpes inoffensives pour l'homme, mais redoutables pour les pucerons dont se nourrissent leurs larves.

FLEURS ET INSECTES SONT UNIS POUR LA VIE

Avec la permaculture, c'est le grand foisonnement des formes de vie en sous-sol, garant de la fertilité de la terre. Ça doit être aussi la même profusion en surface et dans les airs, mais pour ça, il faut savoir l'encourager. En semant et en cultivant des plantes bénéfiques aux insectes et aux papillons. Ils le rendront par de bonnes récoltes et en protégeant les cultures.

OPEN BAR

Les fleurs mellifères sont riches en nectar, en pollen et en miellat nécessaires à l'alimentation des insectes butineurs, de véritables bonbonnières à ciel ouvert. Après s'être régalés, les insectes butineurs emportent à leur insu le pollen de la fleur visitée, et assurent la pollinisation en passant à la suivante. Par ailleurs, là où sont les insectes, les oiseaux suivent pour s'en nourrir, ainsi que les chauves-souris.

ON SÈME QUOI POUR TOUT CE BEAU MONDE ?

On plante des aromatiques, comme l'aneth, la coriandre, la mélisse, la sauge, la sarriette, le thym ou le romarin. Mais pas seulement des plantes qui sentent bon, notre nez n'a rien à voir avec une trompe d'insecte. On sème des quasi-inodores comme le coquelicot, l'eschscholtzia, le lin rouge, le zinnia, la capucine, la bourrache, la lavande, le phlox, le bleuet. Et on pense aux insectes nocturnes, comme la chrysope, en leur donnant des belles-de-nuit par exemple.

DES FLEURS EN MARGE

Le jardin du permaculteur ne se limite pas à sa butte, on a indiqué en introduction qu'il fait partie d'un ensemble plus large. Aux abords, semer une fois pour toutes de larges surfaces de prairie fleurie. Laissée sans fauchage, cette belle sauvageonne se ressème toute seule et embellit au fil des ans.

ON PENSE ABEILLES

Le porte-étendard des insectes butineurs, c'est incontestablement la très médiatique abeille et sa ruche (et son apiculteur). Un potager vibrionnant est donc signe de bonne vitalité. Mais les abeilles « à miel » vivant en colonies dans les ruches sont minoritaires. Les populations les plus actives sont celles d'abeilles sauvages dites solitaires dont il existe plusieurs espèces : l'osmie la charpentière, la mégachile, l'andrène…

ET LES PAPILLONS ?

Pour attirer plus particulièrement les papillons, semer la monnaie-du-pape, la julienne des dames, la marguerite, la capucine, le souci, la valériane rouge, le népéta, la verge d'or, les œillets, l'œillet d'Inde. Planter la lavande, le framboisier, le buddléia, les menthes, la ciboulette le thym, l'aneth et les aromatiques de manière générale. Côté plantes sauvages, semer ou laisser en place le maceron, le trèfle des prés, le séneçon, la reine des prés, le lotier, l'ortie, la ronce, la centaurée.

TOUS AUX ABRIS

Halte au rangement ! Laisser des parties du jardin en friche, abandonner des fagots de bois, des tas de brindilles. Tout ce désordre est bien plus efficace que les « hôtels à insectes » vendus dans le commerce pour abriter tous les insectes, à commencer par les abeilles solitaires.

12 PORTRAITS

- LA CIBOULETTE
- LA MENTHE VERTE
- LE FRAISIER DES BOIS MIGNONNETTE
- LA TOMATE CERISE
- LE BASILIC GRAND VERT
- LA COURGE MUSQUÉE DE PROVENCE
- LA BETTERAVE BURPEE'S GOLDEN
- LA CAROTTE AMSTERDAM
- L'ÉPINARD MONSTRUEUX DE VIROFLAY
- LE NAVET JAUNE BOULE D'OR
- LE PERSIL PLAT GÉANT D'ITALIE
- LE RADIS DE 18 JOURS

LA CIBOULETTE

Allium schoenoprasum
Alliacée

La ciboulette est un condiment vivace. Une fois en place au potager, elle demeure pendant plusieurs années avec très peu de soins et d'attention. On peut dire que la permaculture est faite pour elle. Au point qu'il faut la diviser au bout de quelques années car elle devient trop imposante.

PERMACULTURE ET CIBOULETTE

La regarder pousser, c'est tout ! Laisser les jolies inflorescences roses en place, elles font le bonheur des insectes butineurs de mai à août.
En absence de récolte, couper la moitié de la longueur de toute la végétation pour entretenir la touffe. Hacher les déchets de coupe et les abandonner au sol.
Quand la ciboulette devient vraiment trop importante (tous les 4 à 5 ans), la diviser pour la régénérer et la multiplier. Sortir la touffe à l'aide d'une fourche-bêche, la sectionner en petites touffes de 15 cm de diamètre environ, couper la moitié de la longueur du feuillage et la replanter directement en place. Rempoter l'excédent de plants en godet pour en donner autour de soi.

LES DÉBUTS DE LA CIBOULETTE EN PERMACULTURE

En absence de plants, démarrer la culture par le semis, il est très facile. Au printemps, dès que le thermomètre affiche 15 °C, choisir un emplacement de 30 cm de diamètre, bien exposé au soleil et semer en espaçant bien les petites graines. Tasser délicatement, arroser en pluie fine et patienter une quinzaine de jours pour voir sortir les fines feuilles. Après la levée, si le semis est trop dense, au stade 4 à 6 feuilles, éclaircir pour laisser 5 cm entre deux plants.

LES BESOINS CULTURAUX

La ciboulette est rustique (elle résiste à – 15 °C) et doit sa robustesse à ses origines sibériennes. Sa culture est impossible à rater. Il est préférable de la cultiver en plein soleil pour avoir un plant trapu et des feuilles bien épaisses, mais elle s'accommode de la mi-ombre des jardins moins bien exposés ou de l'ombre portée des plus grands légumes qui l'accompagnent sur la butte fertile.
Elle se contente des sols ordinaires, aussi dans un contexte de permaculture où la fertilité de la terre est le centre des préoccupations, elle devient vraiment très généreuse. C'est une alliacée, comme l'ail, l'oignon, etc. À ce titre, elle apprécie peu les fumures trop riches et surtout trop azotées. Ignorer tout apport d'engrais.
Les arrosages doivent être réguliers en été, car la ciboulette apprécie peu les épisodes de sécheresse. Gare aux excès, également, qui favorisent son pourrissement. La placer de préférence au sommet de la butte.

DANS LA FAMILLE DE LA CIBOULE, JE DEMANDE...

Vous aimez la ciboulette ? Vous allez aimer toute la famille proche. En premier lieu la ciboule, sa grande sœur, elle lui ressemble, en plus gros et on consomme plutôt ses bulbes que ses feuilles. C'est aussi le cas chez l'oignon perpétuel ou ciboule de Catawissa (*Allium cepa* var. *proliferum*), dont la particularité est de donner des bulbilles aériennes en place des fleurs. Deux plantes condimentaires à adopter en permaculture.

	J	F	M	A	M	J	J	A	S	O	N	D
Semis			■	■	■	■						
Plantation			■	■	■	■	■	■	■	■		
Récolte			■	■	■	■	■	■	■	■		

LA MENTHE VERTE

Mentha viridis syn. Mentha spicata
Lamiacée

La menthe, on la plante une seule fois dans une vie de jardinier, et c'est tout ! Elle a inventé la permaculture bien avant l'homme. Elle pousse, elle explore ses alentours, elle se dessèche d'un côté mais verdit à l'opposé, de sorte qu'elle « voyage » dans le potager.

PERMACULTURE ET MENTHE

La menthe se marcotte toute seule, elle produit des stolons qui s'enracinent au contact du sol. Par ailleurs, sa souche porte de nombreux bourgeons affleurant à la surface du sol, qui ajoutent à sa vivacité.
Une fois contentés ses faibles besoins, plus aucun soin. Laisser fleurir les tiges, elles sont très mellifères et utiles à tous les insectes butineurs.

LES DÉBUTS DE LA MENTHE EN PERMACULTURE

Tout commence par le semis. En début de printemps, semer les toutes petites graines à l'aide d'un semoir à main en déposant quelques semences ici et là, où une surface de 40 cm de diamètre est libre, en plein soleil ou sous une ombre légère éventuellement. Après la pousse, conserver un seul plant tous les 5 à 10 cm.

UNE MENTHE, DES MENTHES

L'autre menthe classique du jardin, c'est la menthe poivrée, au goût légèrement piquant. Mais vous pourrez goûter à l'originalité d'une foule de variétés à la saveur et au parfum étonnants facilement reconnaissables. Plantez un seul pied de menthe chocolat, bergamote (celle de l'eau de Cologne), gingembre, pomme, anis, banane, ananas, fraise, orange, cassis, pamplemousse, de quoi rassembler une belle collection. Tout ceci est 100 % naturel, garanti sans tripatouillage génétique.

LA MENTHE OCCUPE LE TERRAIN

Pour faire joli, mais aussi pour éviter de laisser la surface du sol nue, planter la menthe corse *Mentha requienii Corsica*, un charmant couvre-sol dense, de 1 cm de hauteur seulement, ou la menthe de Gibraltar *Mentha pulegium* à peine plus haute. Dans les endroits les plus humides, planter la menthe aquatique *Mentha aquatica*, et dans les lieux secs, la menthe des champs, *Mentha sylvestris*.

LES BESOINS CULTURAUX

Dans la bonne terre du potager en permaculture, maintenu frais par quelques arrosages, la menthe a tôt fait de prospérer. Les nouvelles tiges sortant de terre sont les plus charnues, les plus robustes et les plus parfumées. En poussant, elles périclitent. C'est pourquoi on conseille, en l'absence de cueillette, de couper au ras les anciennes tiges pour laisser la place aux jeunes. En hiver, dans les régions les plus froides, apporter un paillis de feuilles mortes, de paille ou de débris végétaux.
Les feuilles fraîchement cueillies sont les meilleures, mais la menthe se conserve bien séchée durant une année. Ensuite, jeter les feuilles inutilisées pour repartir sur une nouvelle récolte.

	J	F	M	A	M	J	J	A	S	O	N	D
Semis			■	■	■							
Plantation			■	■	■	■	■	■	■	■		
Récolte						■	■	■	■	■		

LE FRAISIER DES BOIS MIGNONNETTE

Fragaria vesca
Rosacée

Pas la peine d'avancer courbé dans les sous-bois à la recherche du fraisier des bois (et d'ailleurs il faut éviter de faire des prélèvements sauvages), ce petit fruitier se cultive au jardin et dès la première année suivant le semis, il est généreux en fraises à l'incomparable saveur.

PERMACULTURE ET FRAISIER DES BOIS

- Planter sur le haut de la butte pour une bonne exposition, de plus c'est moins fatigant pour la cueillette.
- Le paillage est indispensable pour éviter aux fraises de pourrir.
- Donner une large surface à coloniser par les nouveaux plants spontanés.
- Laisser faire les stolons, ils assurent la multiplication naturelle.

LES DÉBUTS DU FRAISIER DES BOIS EN PERMACULTURE

L'installation d'un carré de fraisiers peut se faire à partir de plants ou du semis facile à réaliser. Semer à l'abri à tout moment de l'année à une température de 18-20 °C. Et patienter car la levée est un peu longue, quelques semaines, mais surtout elle peut s'étaler sur plusieurs mois, il est donc prudent d'entretenir des godets « vides » pendant un temps. Les semences sont fines (ce sont les grains prélevés sur les fruits). Faire un semis le plus clair possible en les espaçant. Recouvrir d'une fine couche de terreau tamisé et tasser délicatement pour assurer un parfait contact. Arroser sans excès pour maintenir le terreau tout juste humide mais en permanence.

LES BESOINS CULTURAUX

Après l'arrivée des plantules, laisser pousser plusieurs semaines pour les faire forcir puis les planter à leur place définitive sur la butte fertile en laissant 40 cm entre deux plants. Déposer un paillage épais autant pour maintenir l'humidité à la terre que pour conserver des fruits propres et protégés des pourrissements. Arroser délicatement, toujours au pied et sans mouiller le feuillage pour éviter le développement de maladies, notamment le botrytis ou pourriture grise.
Les fraisiers demeurent en place pendant plusieurs années, produisent de longs stolons (à fixer dans la terre par une agrafe de fer en « U ») et colonisent l'espace disponible.

LE FRAISIER MIGNONETTE

C'est un fraisier qualifié des 4 saisons, pour indiquer qu'il produit sur une assez longue période, mais pas toute l'année non plus. Cette variété alpine, robuste a un port compact qui la destine à la culture en pot et en jardinière mais elle a, bien entendu, toute sa place au jardin. Ses petites fraises de 3 à 5 cm ont un goût et un parfum délicieux.

LE FRAISIER DES BOIS MÉDECIN

Une décoction de feuilles (10 g/l à laisser 10 minutes) calme les irritations des gencives et lutte contre les ulcérations. Le rhizome est inscrit dans la pharmacopée européenne et la décoction de feuilles est toujours administrée dans les troubles gastro-intestinaux et les diarrhées. Prise en gargarismes, elle soulage les angines, et la lotion guérit les engelures.

	J	F	M	A	M	J	J	A	S	O	N	D
Semis	■	■	■	■	■	■	■	■	■	■	■	■
Plantation			■	■	■	■	■	■	■	■		
Récolte					■	■	■	■	■	■		

LA TOMATE CERISE

Lycopersicon esculentum
Solanacée

« Mange des tomates mon amour, mange des tomates nuit et jour. » Heureux conseil prodigué par une chanson populaire, car la tomate est très riche en lycopène (elle lui a donné son nom), un puissant antioxydant protégeant nos cellules. Mangeons, dévorons, engloutissons des quantités de tomates à commencer par les « cerises ».

PERMACULTURE ET TOMATE CERISE

(Les conseils valent pour toutes les variétés de tomates.)
Les tomates sont exposées au mildiou. En cas de doute, on s'abstient de hacher les feuilles et les plants en fin de culture pour les laisser au sol. On les brûle.
Les feuilles saines sont utilisées pour préparer un purin (1 kg pour 10 l d'eau). C'est à la fois un fertilisant, mais surtout un insecticide et un répulsif contre les pucerons, les altises, la piéride du chou et la mouche de la carotte.
On peut produire ses propres semences seulement à partir des anciennes variétés.

LE PETIT TRUC DU JARDINIER

À la plantation, incliner légèrement le plant pour l'enterrer plus profondément. Cela favorise la sortie de racines adventives dans la partie enterrée et donne des plants plus robustes.

LES DÉBUTS DE LA TOMATE EN PERMACULTURE

En février-mars, semer au chaud, à 18 °C au moins, à raison de 2 à 4 graines par godet. La levée est rapide, en 8 à 10 jours. Conserver la plus robuste des plantules et repiquer les autres si on veut plus de plants, délicatement, sans plier la racine et en plaquant le terreau contre la plante.
Laisser pousser jusqu'au mois de mai, période de la plantation au potager (et dès avril dans les régions les plus chaudes ou avec un abri léger).

LES BESOINS CULTURAUX

La tomate cerise pousse en buisson, elle ne nécessite pas de taille. Dans une terre riche, en plein soleil et arrosée régulièrement, la plante pousse à plus de 1,25 m en tous sens. Prévoir la place en conséquence. Le paillage est indispensable pendant tout l'été. Dans les régions les plus chaudes, les récoltes se prolongent jusqu'en fin septembre début octobre : les fruits sont alors délicieusement confits sur pied.

ET SI ON PRÉPARAIT L'ANNÉE PROCHAINE ?

Produire ses graines de tomates cerises, c'est facile. Repérer quelques fruits parmi les plus beaux en début de saison. Les laisser mûrir complètement jusqu'à leur flétrissement. Récupérer la pulpe et les graines, placer le tout dans un verre d'eau en plein soleil pendant 2 à 3 jours. Il se développe une sorte de moisissure (c'est un champignon, *Geothricum candidans*) qui a l'avantage de nettoyer les graines des bactéries.
Rincer abondamment au travers d'une passoire pour éliminer la pulpe.
Laisser sécher les graines à l'ombre, ensacher et stocker à l'abri de la chaleur, de l'humidité et de la lumière. Les graines conservent leur pouvoir germinatif 3 à 4 ans.

	J	F	M	A	M	J	J	A	S	O	N	D
Semis		■	■	■								
Plantation				(■)	■	■						
Récolte							■	■	■	(■)		

LE BASILIC GRAND VERT

Ocimum basilicum
Lamiacée

Grandes feuilles, petites feuilles, vert ou pourpre, le basilic est une aromatique parmi les plus variées. Tout cuisinier amateur en garde à disposition pendant la belle saison sous la forme de plante en pot.
Mais planté en pleine terre, il devient majestueux. Et dans la bonne terre en permaculture… on ne vous dit que ça.

PERMACULTURE ET BASILIC GRAND VERT

Dans la terre fertile de la butte de permaculture, et en plein soleil, « grand vert » devient magnifique, dépasse 1 m de hauteur et 60 cm de largeur.
Utiliser ses feuilles pour préparer un purin insecticide (1 kg de tiges feuillées pour 10 litres d'eau pure).
En fin de culture, en octobre, hacher le pied pas pour la cuisine mais pour laisser au sol les déchets.

LES DÉBUTS EN PERMACULTURE DU BASILIC

On peut semer le basilic au chaud à tout moment de l'année pour une culture à l'abri, mais en vue de sa plantation au potager, faire un semis en février à 18 °C. Les semences sont très fines, utiliser un semoir à main et faire un semis le plus clair possible en espaçant bien les graines. Les recouvrir simplement par quelques passages croisés à la surface du terreau, tasser légèrement et arroser en pluie fine à l'aide d'un vaporisateur à main. Laisser pousser en touffe, c'est le plus simple, sinon prendre la peine de repiquer les plantules individuellement dans des godets. Laisser pousser jusqu'en mai, période de la plantation sur la butte fertile, de préférence au sommet pour une bonne exposition.

LES SOINS CULTURAUX

Ils se résument à des arrosages quotidiens pour maintenir le sol frais. Le basilic signale rapidement son manque d'eau en baissant la tête et en flétrissant. En l'absence de récolte, pincer régulièrement le plant pour le maintenir étoffé. En été, pailler abondamment, mais en principe, c'est déjà fait pour toute la butte.

UNE BELLE COLLECTION DE BASILICS

Les conseils de culture sont valables pour toutes les variétés de basilics, et elles sont nombreuses à offrir un parfum et une saveur bien marquée et facilement reconnaissable par les nez les moins avertis simplement en froissant une feuille. « Cannelle » sent la cannelle, elle est recommandée pour parfumer les riz épicés et les plats des cuisines asiatiques ou les tajines d'Afrique du Nord. « Anis » et ses longues feuilles anisées accompagnent les plats de poissons, les crudités et les salades d'été, tout comme « citron » encore appelé *Citriodorum* et basilic indonésien. Plus original, « réglisse », une variété à petites feuilles, dégage un fort parfum de réglisse. « Thaï Siam Queen » est le basilic des cuisines asiatiques, tout comme « sacré de Thaïlande » qui marie une note de cannelle à un goût profond de clou de girofle.

RÉCOLTER SES GRAINES

« Grand vert » est une ancienne variété, on peut donc produire ses propres graines. Laisser monter en fleur puis faire sécher sur pied les épis. Récolter les graines en fin d'été, sinon les laisser se disséminer toutes seules. Au printemps de nouveaux plants de basilic pousseront spontanément.

	J	F	M	A	M	J	J	A	S	O	N	D
Semis		■	■	■								
Plantation					■	■						
Récolte					■	■	■	■	■	(■)		

LA COURGE MUSQUÉE DE PROVENCE

Cucurbita moschata
Cucurbitacée

Un monstre de douceur et de saveur épicée, au bon goût de noix de muscade, c'est la promesse tenue au potager par muscade, l'autre nom de cette énorme courge de 20 kg.

PORTRAIT DE GROUPE

Des *moschata*, il y en a plusieurs pour le potager et la cuisine. Les amateurs connaissent déjà « sucrine du Berry » et la très célèbre « butternut » proposée couramment sur tous les marchés. Plus rare, et très curieuse, « trompe d'Albenga » est une belle italienne au fruit curieusement contourné et replié sur lui-même.

PERMACULTURE ET COURGE MUSQUÉE

L'abondant feuillage de cette courge rampe au sol et pousse vite, donnant un véritable paillage vivant.
Planter de préférence au sommet de la butte fertile pour que la plante ait sous elle la plus grande hauteur et le plus grand volume de terre, car elle est très gourmande.
Arroser toujours au pied, dans une cuvette, pour limiter le développement de l'oïdium sur les feuilles.
En fin de culture, hacher toute la plante et abandonner les débris à la surface.

LES DÉBUTS EN PERMACULTURE DE LA COURGE MUSQUÉE

Semer au chaud à 18 °C dès le mois de mars en déposant une graine par godet. La germination est rapide, en 8 à 10 jours. Sitôt que le germe est visible à la surface du terreau, placer en pleine lumière pour avoir des plants trapus. En permaculture, sous le signe du moindre effort, on peut aussi semer directement en place en avril-mai, de préférence au sommet ou en périphérie de butte fertile ou de carré de culture car la végétation est importante, il faudra la diriger vers l'extérieur de la parcelle. En mai, planter les plants produits au chaud. Laisser au moins 1,50 m à 2 m par pied.

LES SOINS CULTURAUX

Arroser toujours au pied. On a beau faire et s'appliquer, comme chez toutes les cucurbitacées du potager, la courge sera attaquée par l'oïdium, c'est inévitable. Le combattre dès les tout premiers symptômes par des pulvérisations de soufre (c'est compatible avec le jardinage biologique) à renouveler autant de fois que nécessaire.
Lorsque les plants ont cinq feuilles, pincer au-dessus de la 2e feuille. Puis sur toutes les ramifications, couper deux feuilles au-dessus du dernier fruit. Conserver un seul fruit par pied, le déposer sur une planchette de bois pour lui éviter le contact direct avec la terre.

	J	F	M	A	M	J	J	A	S	O	N	D
Semis			■	■								
Plantation					■	■						
Récolte										■	■	■

LA BETTERAVE BURPEE'S GOLDEN

Beta vulgaris
Chénopodiacée

Les betteraves rouges sont les plus connues, mais il existe des variétés à racine blanche ou jaune comme « Burpee's Golden ». Son épiderme est jaune doré, sa chair d'un jaune soutenu devenant plus ou moins orange à la cuisson, elle est très sucrée. On cuisine aussi ses grandes fanes comme des épinards.

PERMACULTURE ET BETTERAVE BURPEE'S GOLDEN

Semer partout où se libère une place de 15 à 20 cm de côté ou de diamètre, la place nécessaire à cette betterave généreuse. La culture est rapide, en 3 mois suivant le semis environ. Anticiper la gestion de la place. La betterave a besoin d'un sol riche pour bien grossir, la terre riche en permaculture est idéale. Après la récolte, hacher les fanes et les laisser à la surface du sol.

LES DÉBUTS DE LA BETTERAVE EN PERMACULTURE

Semer en place entre avril et juin tous les 20 cm dans des lignes distantes de 40 cm ou partout où la place se libère (voir plus haut). Déposer 3 ou 4 semences par poquet à 2 cm de profondeur. Lorsque les plants ont 2 ou 3 feuilles, éclaircir pour laisser un seul plant. Sarcler, biner et laisser à l'abri sous l'épais paillage. Récolter environ 3 mois après le semis.

MODE DE CULTURE

La betterave est faite pour tous les climats et tous les types de sols, à l'exception des terres trop calcaires.

ON L'AIME JEUNE

En amenant « Burpee's Golden » à son terme, sa racine devient grosse, jusqu'à 500 g. Mais comme pour tous les légumes-racines, il est préférable de la récolter bien plus jeune, avant qu'elle perde sa saveur et devienne fibreuse, lorsqu'elle affiche un diamètre de 15 cm. Certains l'apprécient encore plus petite, de la taille d'un gros radis, confite dans du vinaigre.

ON VOUS DIT TOUT !

Les grosses et belles betteraves sont le résultat du travail sans relâche des sélectionneurs, entamé dès l'Antiquité (lorsque le terme n'existait pas encore). Ce légume de nos potagers a pour ancêtre la bette maritime *Beta maritima*, un végétal insignifiant à l'origine également des poirées (ou bettes).
Ce végétal sauvage d'un naturel très changeant s'est adapté à toutes sortes de conditions culturales et de climats, variant sans cesse. Des betteraves, il y en a de très grosses, les fourragères destinées à l'alimentation du bétail (sans oublier la betterave sucrière) et de plus modestes, les potagères, pour l'alimentation humaine.

	J	F	M	A	M	J	J	A	S	O	N	D
Semis				■	■	■						
Plantation												
Récolte								■	■	■		

LA CAROTTE AMSTERDAM

Daucus carota
Astéracée

Parmi les très nombreuses variétés de carottes, « Amsterdam » se prête à plusieurs types de culture et permet ainsi des récoltes échelonnées sur une grande partie de l'année. Tout ce qu'on aime en agriculture permanente.

PERMACULTURE ET CAROTTE AMSTERDAM

Il faut guetter la place disponible et celle qui va se libérer pour bien gérer les semis de cette variété. Elle nous fixe trois rendez-vous, un semis en mars-avril pour des récoltes entre juillet et septembre, un deuxième en juin-juillet pour des récoltes tardives entre septembre et novembre, enfin un troisième sous abri froid en octobre-novembre pour une récolte en primeur en mai.

Pour une occupation optimale de la surface cultivée, faire un mélange de radis et de carottes en un seul semis. Les premiers seront récoltés en un petit mois avant même que les secondes n'aient commencé leur développement.
Pour éloigner la mouche de la carotte, semer à proximité de l'oignon, de l'ail, des poireaux ou des salsifis.

LA CAROTTE PREND LA MOUCHE

La mouche de la carotte vient quelquefois jouer les trouble-fêtes. Ce petit insecte à tête noire volète autour des jeunes plantations de carottes entre avril et octobre. Trois générations de larves peuvent se succéder, elles creusent des galeries pour se nourrir de la chair de la racine. Pour parfaire la protection, il est d'usage de tendre des filets anti-mouches, c'est un peu moche mais très efficace. En permaculture, sur les jeunes cultures, on peut se contenter de ramener le paillage sur les plants pour rendre inaccessible le collet, c'est là que pondent les mouches.

LES DÉBUTS EN PERMACULTURE DE LA CAROTTE

Quelle que soit la période retenue pour le semis, griffer correctement le sol avant de semer car les carottes ont besoin d'un sol meuble en profondeur pour donner des racines régulières. Semer dans des sillons espacés de 25 à 30 cm, recouvrir peu les semences, plomber et arroser en pluie fine pour maintenir le sol frais en permanence. Lorsque les plants ont 4 ou 5 feuilles, éclaircir une première fois à 2 ou 3 cm sur le rang, puis une seconde fois à 7 ou 8 cm. La levée est assez lente, jusqu'à 20 jours. Les désherbages des jeunes semis sont indispensables, sinon les mauvaises herbes prennent rapidement le dessus.

LA BIEN NOMMÉE

« Amsterdam » rappelle que c'est en hommage à la maison d'Orange que les sélectionneurs hollandais ont repéré et multiplié les premières carottes à racines orange, vers 1620 dans la région d'Utrecht. Auparavant, elles étaient blanches, rouges ou jaunes. Cette variété donne une racine régulière, longue, mince, ne forme pas de cœur dur, et sa chair est parfumée et juteuse.

	J	F	M	A	M	J	J	A	S	O	N	D
Semis			■	■		■	■			■	■	
Plantation						■	■	■	■			
Récolte					■				■	■	■	

L'ÉPINARD MONSTRUEUX DE VIROFLAY

Spinacia oleracea
Chénopodiacée

« Monstrueux de Viroflay » est une très ancienne variété déjà citée dans les années 1880. C'est un épinard vigoureux, rustique, aux larges feuilles, sans doute un des meilleurs pour les semis de fin d'été, en août et septembre.

Pour faire le plein de fer, il vaut mieux miser sur le persil par exemple, rappelons que la réputation de l'épinard dans ce domaine est due à la faute de frappe d'une secrétaire distraite. Si on laisse de côté son principal atout, que reste-t-il à l'épinard, pense-t-on ? Il est vrai que les restaurations collectives nous ont dégoûtés de ce légume. Pourtant, son aura était bien plus reluisante depuis l'Antiquité. Il fut même qualifié de prince des légumes, ce qui est très exagéré. Néanmoins, la meilleure occasion de se faire une bonne idée de la saveur des feuilles d'épinard, c'est encore de le cultiver dans son potager. En commençant par les meilleures variétés, comme « monstrueux de Viroflay », un bel héritage des maraîchers parisiens de la fin du XIXe siècle.

PERMACULTURE ET ÉPINARD MONSTRUEUX DE VIROFLAY

✱ Pour éviter la fonte des semis due à l'accumulation d'eau, on sème l'épinard sur un petit monticule de terre de 10 cm. En permaculture, la butte fertile lui convient.
✱ Semer l'épinard à l'ombre portée des autres légumes plus hauts, ses feuilles seront plus tendres.
✱ Exception à la règle : on évite de semer ce légume-feuille après une fabacée (haricot, fève, etc.) : il déteste les fumures fraîches.

LES DÉBUTS EN PERMACULTURE DE L'ÉPINARD

Entre mars et septembre, semer en lignes courtes d'1 m en déposant les graines à 2 cm de profondeur. Maintenir le sol frais par un épais paillage et des arrosages réguliers pour une levée régulière. Faire plusieurs semis peu importants partout où la place est disponible, espacés au maximum de 3 semaines pour ne pas manquer d'épinards.
Récolter feuille à feuille entre 1 mois et demi et 2 mois après le semis.
Le semis de fin d'automne est en général plus productif, avec 2,5 à 3 kg/m^2. Celui de printemps donne moins, compter sur 1 kg/m^2.
Dans les climats chauds, on lui substitue la tétragone cornue pendant l'été, moins sujette à la montée en graine.

DES ÉPINARDS À GOGO

Un bon calendrier de culture maîtrisé complété par un choix variétal adapté, et c'est de l'épinard une grande partie de l'année.
En été, choisir des variétés sélectionnées pour la chaleur et peu sujettes à la montée en graine, en hiver les plus résistantes au froid, à protéger par un paillage ou un voile d'hivernage.

	J	F	M	A	M	J	J	A	S	O	N	D
Semis			■	■	■	■	■	■	■			
Plantation												
Récolte					■	■	■	■	■	■	■	■

LE NAVET JAUNE BOULE D'OR

Brassica rapa var. rapa
Brassicacée

Ce navet et sa belle racine parfaitement ronde de 12 cm de diamètre sont désormais connus : ils ont fait beaucoup pour le renouveau de ce légume dans notre traditionnel pot-au-feu.

Longtemps, les navets de conservation ont eu une médiocre réputation, ils étaient consommés faute de mieux pendant les mois d'automne et d'hiver à une période de l'année où les légumes frais sont bien peu nombreux. Et puis, les modes changent et on redécouvre les anciens légumes dédaignés depuis des décennies. Et par la même occasion, on leur prête plus d'attention en culture. C'est l'histoire récente du navet « jaune boule d'or ». Tiens ! Si on l'arrose régulièrement et qu'on la cueille plus jeune, la grosse racine fruste destinée au bétail se révèle plus tendre, moins fibreuse et plus goûteuse ; elle a toute sa place dans nos assiettes et celles servies par les grands chefs. Plus un instant à perdre ! Vite, mon sachet de graines !

UN NAVET TOUTES SAISONS

« Jaune boule d'or » est un navet demi-hâtif conseillé pour une culture d'automne-hiver, mais on peut le cultiver comme navet de printemps-été.
On sème les navets de printemps-été de mars à juin et les navets d'automne-hiver, destinés à la conservation, de mi-juillet à mi-août. La récolte se fait 2 mois après le semis pour les semis de printemps, et 3 mois pour les variétés d'automne-hiver.

PERMACULTURE ET NAVET JAUNE BOULE D'OR

Un petit carré de 15 cm de côté, c'est une place pour un navet.
Le paillis assure une humidité importante et constante, ce qu'il faut pour un développement régulier.
Avec sa grosse racine, le navet travaille le sol pour les légumes à venir.
Ses grandes fanes sont hachées au moment de la récolte et abandonnées au sol.

LES DÉBUTS EN PERMACULTURE DU NAVET

Choisir une petite place au soleil, dans le sol riche de la butte fertile. Semer clair dans des lignes espacées de 20 à 30 cm à faible profondeur, simplement pour masquer les semences de la lumière. Tasser légèrement et arroser en pluie fine, puis maintenir la terre fraîche en permanence, surtout au moment de la levée des graines. Remettre le paillage en place. Au stade 2 ou 3 feuilles, éclaircir pour laisser 10 à 15 cm à chaque navet.

On recommande de semer pratiquement en continu, tout au moins d'espacer les semis de 20 jours au maximum au printemps et en été pour ne jamais manquer de navet.

LES SOINS CULTURAUX

Conserver la terre tout juste humide mais en permanence car la sécheresse rend la racine creuse et piquante.

	J	F	M	A	M	J	J	A	S	O	N	D
Semis			■	■	■	■	■					
Repiquage												
Récolte					■	■	■		■	■		

LE PERSIL PLAT GÉANT D'ITALIE

Petroselinum crispum
Apiacée

« Géant d'Italie » affiche une belle allure et une sacrée robustesse, c'est une amélioration du persil commun à feuilles plates. La référence en la matière.

PERMACULTURE ET PERSIL GÉANT D'ITALIE

Le persil est une bisannuelle, la deuxième année il se ressème tout seul aux alentours. Le laisser fleurir et monter en graine. Le persil est fait pour la permaculture, on se dispense au passage de respecter la rotation des cultures : en règle générale, il faut laisser passer un délai de 3 à 4 ans avant de cultiver de nouveau le persil à la même place.
En fleurs, le persil dépasse 1 m de hauteur, il dispense une ombre légère et bienfaisante, en tenir compte pour les cultures avoisinantes.
Les fleurs de persil, discrètes, sont très mellifères, les insectes butineurs en raffolent.
La rouille se traduit par l'apparition de taches brunes sur le feuillage, elle est peu répandue dans les potagers. Si c'est le cas, éviter de laisser les débris de végétaux au sol.
L'épais paillage suffit à régler un des principaux problèmes à la culture, celui des escargots et des limaces dévoreurs de jeunes plants.

LES DÉBUTS DU PERSIL EN PERMACULTURE

Semer entre mars et août, dans de petites surfaces disponibles entre les cultures, mais toujours en plein soleil. Écarter le paillage, griffer la terre et l'émietter correctement si besoin. Déliter les agglomérats de déchets organiques : la terre doit être souple. Recouvrir peu les semences sous une fine couche de terre tamisée. Tasser la terre correctement et replacer la litière ou le paillage, d'abord en couche fine, davantage pour maintenir l'humidité. La germination est un peu lente, elle se fait en une vingtaine de jours. Au stade 4 ou 5 feuilles, éclaircir pour laisser 7 à 8 cm entre deux plants. Récolter 2 à 3 mois après la levée, au fur et à mesure, en cueillant feuille à feuille.

LE VRAI TABOULÉ

Le taboulé tel qu'on le prépare au Liban consomme beaucoup de persil.
En voici la recette. Pour 4 personnes, 6 bottes de persil plat, 2 gros oignons, un bol de boulgour à mettre à gonfler une heure avant, une grosse tasse d'huile d'olive, le jus de 4 citrons, 6 tomates hachées finement, un brin de basilic et quelques-uns de menthe.

Pour une production d'hiver, sous châssis ou sous abri froid, semer début août à bonne exposition. Il est possible de déplanter les pieds de persil pour les transplanter en pot ou en caissette à mettre sous abri pour l'hiver.
Le semis reste dans tous les cas capricieux et irrégulier, un dicton populaire dit que « le persil va sept fois au diable pour pousser ».

	J	F	M	A	M	J	J	A	S	O	N	D
Semis			■	■	■	■	■	■				
Repiquage												
Récolte					■	■	■	■	■	■		

LE RADIS DE 18 JOURS

Raphanus sativus
Brassicacée

Le radis de 18 jours est le plus rapide des légumes du potager, même si le délai annoncé entre le semis et la récolte est un peu théorique et s'étale entre 4 et 5 semaines en réalité.

PERMACULTURE ET RADIS

* Le radis de 18 jours est sans conteste le légume le plus rapide du potager. Parfait pour la permaculture, on peut le semer chaque fois que c'est possible dans tous les recoins et dans le délai laissé entre deux autres cultures.
* Un carré de 2 cm de côté, c'est tout ce qu'il faut à une graine de radis pour donner un beau radis croquant et joufflu : un atout pour la culture dérobée en permaculture.
* Semer tous les 15 jours entre mars et septembre pour récolter en permanence pendant cette période.
* Les fanes sont bonnes en soupes, l'excédent sera abandonné au sol, ça doit devenir un réflexe.

LES DÉBUTS DU RADIS EN PERMACULTURE

En petites places ou en lignes espacées de 20 cm, semer en déposant les graines rondes à la surface du sol. Les enterrer peu par quelques passages croisés du râteau. Tasser et arroser en pluie fine. Lorsque les plants ont quelques feuilles, éclaircir pour laisser 2 cm entre deux radis.
L'entretien se résume à des arrosages, surtout en été pour éviter de récolter des radis creux et piquants.

UNE PLACE BIEN GÉRÉE

Pour tirer partie au mieux de la place au potager en permaculture, semer les radis entre les rangs de laitues, et mieux encore, faire un mélanger de semences de radis et de carottes à semer d'un seul geste : les radis seront déjà récoltés lorsque les carottes termineront leur croissance.

LE RADIS BIEN MAÎTRISÉ

Le radis de 18 jours ne doit pas faire de l'ombre à tout un monde riche en types et en variétés. Bien pensée en permaculture, la culture du radis assure des récoltes sur une grande partie de l'année.
Les radis se distinguent par la forme et la couleur de leur racine mais surtout par leur période de récolte, donc de semis.
Les radis à forcer sont les premiers à montrer leurs petites feuilles, ils sont cultivés sous tunnel plastique, sous châssis et pour les plus courageux (des jardiniers, pas des radis !) sur couche chaude.
Dans cette catégorie, on trouve des radis à forcer longs, demi-longs et ronds, de couleur rouge, rouge vif avec le plus souvent un bout blanc.
Les radis de tous les mois sont semés en pleine terre, et en plein air, pendant la plus longue période de l'année entre mars et septembre. Ce sont des radis ronds et demi-longs, de couleur rose, rouge, rouge vif avec le plus souvent un bout blanc.
On leur associe les radis-raves à plus grosse racine pointue, de saveur douce, à chair tendre.
Les radis d'été et d'automne semés en été sont de gros radis à racine longue ou ronde, de couleur rose, rouge vif ou blanche. Leur chair est tendre, à goûter râpée en crudité.

	J	F	M	A	M	J	J	A	S	O	N	D
Semis			■	■	■	■	■	■	■			
Repiquage												
Récolte					■	■	■	■	■	■		

Éditions Plume de carotte
28 impasse des Bons-Amis, 31200 Toulouse
www.plumedecarotte.com

Radis et Capucine
42 rue des Perreyeux
BP 50116
49800 Trélazé cedex 03
www.radisetcapucine.com

Textes : Serge Schall
Illustrations : Joanna Wiejak
Photographies : © Adobe Stock et collection personnelle de l'éditeur
Création graphique : Guy de Guglielmi
Mise en pages : Catherine Racine (Plume de carotte)
Suivi éditorial : Audrey Calvo-Guiochet (Plume de carotte)
Suivi d'approvisionnement de graines : Jean-Sébastien Griffaton (Radis et Capucine)
Correction : Laure Dupont
Suivi de fabrication : Isabelle Gaudon
Assemblage : Atlantique façonnage (Laval)

Dépôt légal : mars 2022
ISBN : 978-2-36672-272-7
Achevé d'imprimer en France, par GRAPHIUS (Belgique), en mars 2022.